Formas de la materia

Amy S. Hansen

Editora científica:
Kristi Lew

www.rourkepublishing.com

Editora científica: Kristi Lew

Antigua maestra de escuela secundaria con una formación en bioquímica y más de 10 años de experiencia en laboratorios de citogenética, Kristi Lew se especializa en hacer que la información científica compleja sea divertida e interesante, tanto para los científicos como para los no científicos. Es autora de más de 20 libros de ciencia para niños y maestros.

© 2012 Rourke Publishing LLC

www.rourkepublishing.com

Photo credits: Cover © Danylchenko Iaroslav, Lucie Lang, Maria Dryfhout; Cover logo frog © Eric Pohl, test tube © Sergey Lazarev; Page 5 © Werner Heiber; Page 7 © tacar; Page 9 © Jozsef Szasz-Fabian; Page 10 © K13 ART; Page 11 © Artistic Endeavor; Page 13 © matka_Wariatka; Page 15 © GraÂ§a Victoria; Page 16/17 © Alex Staroseltsev; Page 19 © Svetlana Larina; Page 20 © James Hoenstine; Page 21 © Thomas M Perkins

Editora: Kelli Hicks

Cubierta y diseño de página de Nicola Stratford, bdpublishing.com
Traducido por Yanitzia Canetti
Edición y producción de la versión en español de Cambridge BrickHouse, Inc.

Library of Congress Cataloging-in-Publication Data

Hansen, Amy.
Formas de la materia / Amy S. Hansen.
p. cm. -- (Mi biblioteca de ciencias)
Includes bibliographical references and index.
ISBN 978-1-61741-739-9 (Hard cover) (alk. paper)
ISBN 978-1-61741-941-6 (Soft cover)
ISBN 978-1-61236-915-0 (Soft cover - Spanish)
1. Matter--Properties--Juvenile literature. 2. Matter--Constitution--Juvenile literature. I. Title.
QC173.16.H36 2012
530--dc22

2011938866

Rourke Publishing
Printed in the United States of America,
North Mankato, Minnesota
091911
091911MC

www.rourkepublishing.com - rourke@rourkepublishing.com
Post Office Box 643328 Vero Beach, Florida 32964

Contenido

¿Qué es materia?

Vierte leche sobre la masa para hacer galletas. La leche está hecha de **materia.** Toca el bol o recipiente. Está hecho de materia. Huele las galletitas horneadas. Es materia con olor.

Los huevos también están hechos de materia.

Materia es todo aquello que tiene **masa** y ocupa un espacio.

¿Puedes mencionar algunas de las materias que usas para hacer galletas?

¿Es igual toda la materia?

La materia puede ser **líquida**, como la leche. Tiene masa y ocupa un espacio.

Un líquido es una materia sin forma propia. Necesita un recipiente. N

9

La materia puede ser **sólida**, como el bol. Tiene masa y ocupa un espacio.

La materia puede ser un **gas**, como el aire. El olor de las galletitas es parte del aire, una mezcla de gases. Tiene masa y ocupa espacio.

¡Mmm!

11

¿Cómo sabes que el gas ocupa un espacio? Sopla dentro de un globo tres veces. Tu respiración está hecha de aire. Ahora toca el globo. Ese es el espacio que ocupan tres respiraciones.

12

El globo evita que el aire se escape. Los gases se expanden para ocupar el espacio dentro del globo.

¿Tu silla está hecha de materia? ¿Puedes tocarla? ¿Ocupa un espacio y tiene masa? Sí, tu silla está hecha de materia.

Una silla es un sólido. Los sólidos conservan su forma.

¿Y el agua para lavar? ¿El agua ocupa un espacio y tiene masa? Sí, el agua está hecha de materia.

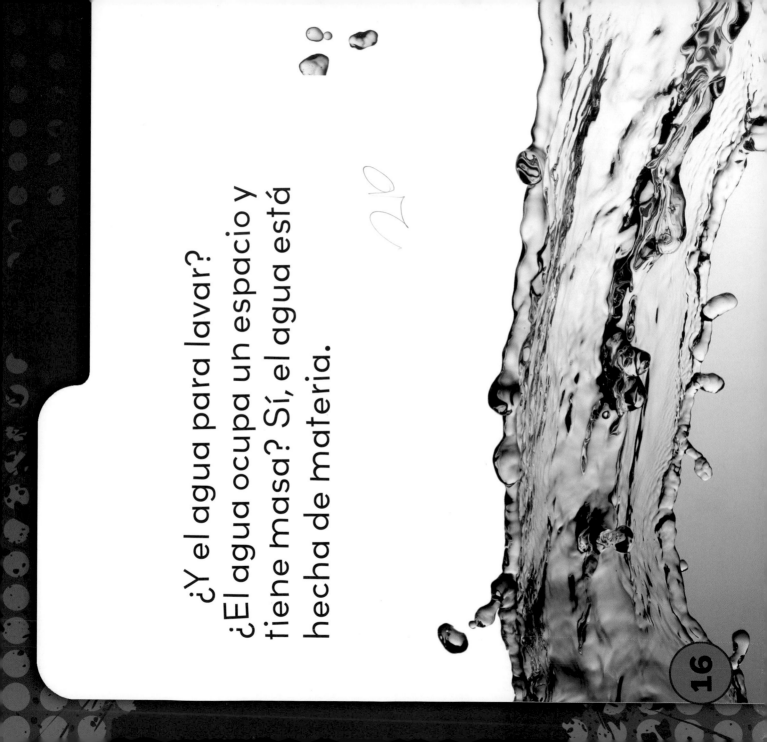

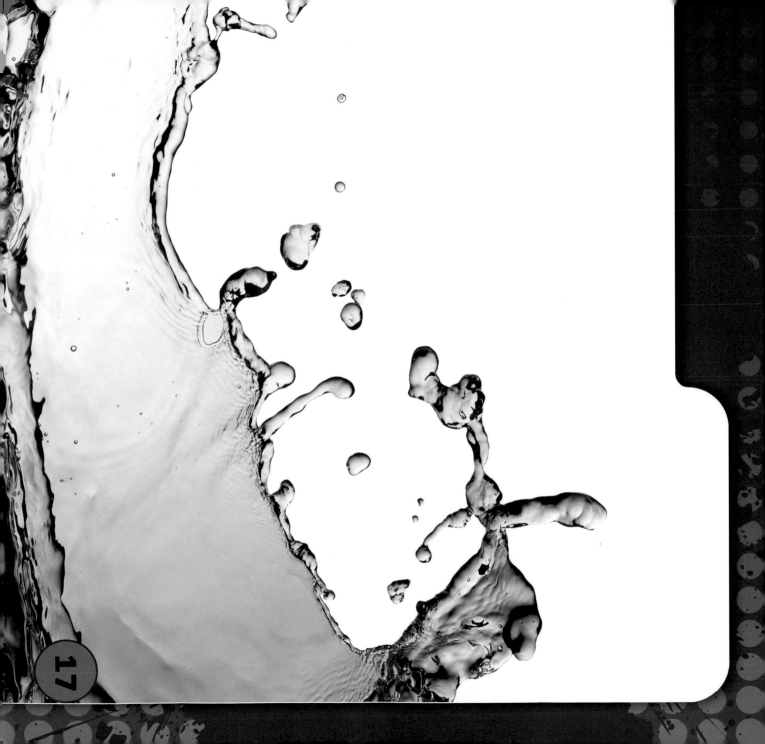

¿Qué cosa no es materia?

¿Hay algo que no esté hecho de materia? La luz que entra por tu ventana no es materia. Es **energía**. La energía no tiene masa ni ocupa un espacio.

¿Es materia tu galletita?

Es hora de comer galletitas.
Toma una y nota su masa. ¿Está
hecha de materia la galletita?

1. ¿Puedes pensar en un líquido que no sea leche ni agua? ¿Está hecho de materia?

2. ¿Cómo usas un globo para demostrar que el el gas ocupa un espacio?

3. ¿Qué es lo que no está hecho de materia?

Glosario

energía: capacidad para hacer un trabajo; la luz
y el calor son formas de energía

gas: sustancia que se expande para ocupar el
espacio disponible y suele ser invisible

líquido: sustancia que se derrama o vierte
fácilmente

masa: cantidad de materia que tiene un objeto;
por lo general se mide en gramos o libras

materia: algo que tiene masa y ocupa espacio

sólido: objeto que puede conservar su forma y
no es un líquido ni un gas

Índice

Sitios en la Internet

www.kids-science-experiments.comwww.

www.exploratorium.edu/cooking/index.html

www.chem4kids.com

Acerca de la autora

Amy S. Hansen es una escritora de ciencia que vive en el área de Washington, D.C. Cada día, ella usa materia para hacerles galletitas a sus dos gatos, y comida de gato a sus dos hijos. ¿O es al revés?